탄탄 원리과학 클릭 클릭

식물_식물의 일생

나무가 부르는 노래

글_강민경 그림_노희영 감수_이은주

예원미디어

저기 서 있는 저 커다란 나무에서는
노랫소리가 난답니다.
굵고 높다란 고동색 줄기에
가만히 귀 대고 들어 보면,
나무가 온몸으로 부르는
노랫소리를 들을 수 있어요.

나무가 처음부터
굵고 커다랬던 것은 아니랍니다.
나무도 어렸을 적엔,
아기 손톱보다 더 작은 씨앗이었어요.
하지만 그때도
휘이휘이 노랫소리가 났었지요.

씨앗

대부분의 식물은 씨앗에서 자라납니다.
씨앗 속에는 씨가 싹 틀 동안
필요한 영양분이 저장되어 있어요.

살랑 봄바람이 불어오면,
땅속에서 잠자는 듯 누워 있던 씨앗은
반짝 눈을 뜨지요.
아직은 시린 물,
하지만 한껏 빨아들여
싹 틀 준비를 하지요.
한 해, 두 해...
조금씩, 조금씩...
아주 커다란 나무가 될 준비를요.

싹

씨앗은 물과 산소가 충분하고,
온도가 알맞으면 싹이 틉니다.
놀라운 힘으로 껍질을 뚫고
어린눈과 뿌리가 뻗어 나오지요.

나무의 노랫소리가 언제 가장 신나는 줄 아세요?
긴긴 겨울을 보내고 봄 햇살이 푸지게 쏟아질 때,
그 모든 가지를 힘껏 벌리고,
그 모든 잎의 구멍을 한껏 열어젖히고…

나뭇잎의 수명

나뭇잎은 보통 6개월 정도 나무에 붙어 있어요. 소나무와 잣나무 같은 침엽수의 잎은 2년 반 정도 붙어 있고요.

기공

잎의 뒷면에는 기공이라는 숨구멍이 있어요. 광합성을 할 때에는 기공으로 이산화탄소를 들이마시고, 산소를 내보내요. 숨을 쉴 때에는 산소를 들이마시고, 이산화탄소를 내보내지요.

햇빛을 먹을 때랍니다.

태양마저 삼킬 듯 햇빛을 빨아들일 때랍니다.

광합성

식물은 광합성을 통해 영양분을
만들어요. 광합성은 식물이
태양의 빛 에너지를 이용해서
물과 이산화탄소를 영양분으로
바꾸는 것을 말해요. 이때,
산소도 함께 만들어진답니다.

나무가 먹은 햇빛은
줄기 사이사이에서, 잎사귀 사이사이에서
푸르른 핏줄이 되고,
향긋한 꽃이 된답니다.

엽록소

나뭇잎에는 엽록소라는 물질이 있어요.
이곳에서 광합성이 이루어지지요.
엽록소는 녹색 빛은 먹지 않고 내놓아서,
나뭇잎이 녹색으로 보이는 거예요.

꽃

식물이 꽃을 피우는 까닭은 씨앗을 맺기 위해서랍니다. 수술에 있던 꽃가루가 암술과 만나면 씨앗이 맺어지지요. 대부분의 꽃은 수술과 암술을 한 꽃 내에 가지고 있어요.

나무가 먹은 햇빛은
불끈불끈 힘줄이 되고,
휘이휘이 노랫소리가 된답니다.

체관 물관

체관과 물관

체관은 잎에서 광합성 작용으로 만든
영양분을 운반하는 통로예요. 물관은 뿌리에서
빨아들인 물을 운반하는 통로이고요.
물관은 보통 죽은 세포로 이루어져 있고,
체관은 산 세포로 이루어져 있어요.

나무의 노랫소리가 언제 가장 힘찬 줄 아세요?
비바람 부는 여름밤,
뿌리에 온 힘을 주고
거센 비바람을 견딜 때랍니다.

뿌리

나무에서 가장 먼저 만들어지는 부분은 뿌리예요.
가장 먼저 활동하는 것도 뿌리고요. 뿌리가 충분한 물과 영양분을
흡수해야 나무가 활동을 할 수 있어요. 뿌리가 무성할수록 나뭇잎도
많이 생기고, 나무도 건강하게 자라요. 또한 뿌리는 나무가
쓰러지지 않도록 단단히 고정시켜 주는 일도 해요.

나무가 견딘 비바람은
억센 줄기가 되고,
무성한 잎사귀가 되고,
휘이휘이 노랫소리가 된답니다.

나무의 노랫소리가 언제 가장 뿌듯한지 아세요?
어둔 밤 찬 서리를 견뎌 내고,
여름날의 비바람을 이겨 내고
작고 탐스런 열매를 맺을 때랍니다.

열매

열매 안에는 씨가 들어 있어요.
어떤 식물은 씨를 퍼뜨리기 위해서 맛있는
열매를 맺어요. 열매가 발달되지 않은
식물은 다른 방법으로 씨를 퍼뜨리지요.

하늘이 푸르게 높아 가는 가을이 되면,
열매는 더욱 알차게 영글어요.
그 열매를 새가 쪼아 먹고,
동물들이 따 먹어도
나무는 밉다며 밀치지 않아요.
오히려 반갑다며 노래를 부른답니다.
소중한 씨앗을 옮겨 줄 고마운 친구들이라는 걸
잘 알고 있으니까요.

낙엽

땅에 떨어진 낙엽은 땅을 따뜻하게 해 주고,
빗물로부터 보호해 주어요. 낙엽이 썩으면
다른 나무나 작은 동물, 미생물 등을
잘 자라게 해 주는 거름이 된답니다.

나무의 노랫소리가 언제 가장 외로운지 아세요?
흰 눈이 소복소복 쌓이는 겨울,
열매와 잎을 다 떨어뜨리고
온몸으로 추위를 견딜 때랍니다.

나무의 겨울나기

가을이 되면, 나무는 서서히 겨울 준비를 해요.
추운 겨울이 오기 전에 온몸의 물기를 밖으로
내보내지요. 그런 다음, 나무의 세포 안에
당분을 증가시켜 얼어 죽지 않게
막아 준답니다.

하지만 나무가 견딘 추위는
생명이 되고
희망이 되어
따뜻한 봄날 새잎을 틔우지요.

나무의 겨울잠

추운 겨울이 되면, 나무는 활동을 멈추고
겨울잠을 잡니다. 몇몇 세포들만
아주 낮은 활동(호흡)을 하지요.
그러다 따뜻한 봄이 되면,
잠에서 깨어 새잎을 틔우기 시작해요.
겨울잠에 막 들어간 나무를 온실로 옮겨
따뜻하게 해 준다고 잠에서 깨는 것은
아니에요. 나무는 겨울철 추위를 겪어 가면서
서서히 잠에서 깨어나기 때문이지요.

봄, 여름, 가을 그리고 겨울마저 지나면…
할아버지 이마에 주름이 생기듯,
할머니 손등이 거칠어지듯,
나무 밑동에도
한 켜, 한 켜 시간이 새겨진답니다.
노랫소리가 새겨진답니다.

나이테

나무 밑동을 잘라 보면 동그란 테가 보이는데, 이것을 나이테라고 해요. 나이테는 나무의 몸통 속에 숨겨진 달력이에요. 따뜻할 때는 나무가 훌쩍 자라고, 추울 때는 나무가 천천히 자라서 이런 주름이 생기는 거예요.

나무는 죽어서 무엇이 될까요?

죽은 나무의 몸속에는 수많은 곤충의 알, 애벌레, 고치가 살게 됩니다. 버섯도 약해지거나 죽은 나무의 몸에 번식을 하지요. 새들은 죽은 나뭇가지를 모아 둥지를 짓고, 알을 낳아요. 그러다 나무의 몸이 완전히 썩게 되면, 나무는 땅으로 스며들어 다른 식물을 위한 기름진 거름이 된답니다.

나무는 이제 돌아가려고 해요.
오랜 세월 뿌리를 아늑하게 품어 주었던 땅으로,
줄기를 오르내렸던 물속으로,
잎을 드나들었던 하늘 속으로….
나무는 이제 버섯의 넓은 갓이 되고,
장구애비의 기다란 다리가 되고,
박새의 힘찬 노래가 될 거예요.

여기 와 보세요!

어서요.

이 나무줄기에 귀를 대어 보세요.

어때요?

나무의 노랫소리가 들리지 않나요?

푸르른 노랫소리가….

교수님이 들려주는 생명 이야기

나무가 부르는 노래

이은주(서울대학교 생명과학부 교수)

지구상의 생물 가운데 가장 오래 사는 생물은 무엇일까요? 바로 나무랍니다.
도대체 나무는 얼마나 오래 살 수 있을까요? 북아메리카의 세쿼이아 거목은 6천 년 정도 된 나이테를 가지고 있답니다. 보통 사람의 수명이 80세 정도이니, 세쿼이아 나무는 사람보다 75배쯤 더 오래 살았지요. 단군 할아버지가 우리나라를 세우기 전부터 지구에서 산 셈입니다.

다른 나무들도 세쿼이아 나무처럼 오래 살까요? 우리나라에서는 용문산 은행나무가 1천 년 넘게 산 것으로 알려져 있습니다. 신라 시대 마의 태자가 금강산으로 가며 심었다는 나무입니다. 울릉도에 있는 향나무도 1천 년 산 것으로 알려져 있지요.

그 밖에도 우리나라 곳곳에는 수백 년 넘게 산 나무가 많답니다. 한자리에서 꼼짝하지 않고 봄, 여름, 가을, 겨울 그리고 다시 봄, 여름, 가을, 겨울…. 계절에 따라 끊임없이 봄이 되면 연초록의 부드러운 새잎을 틔우고, 여름에는 녹색의 싱싱한 잎으로 시원한 그늘을 만들어 주고, 가을에는 고운 빛깔의 잎을 자랑하다가, 겨울이 되면 잎을 떨어뜨린 채 찬바람을 이기며 살아왔지요.

아무리 큰 나무라도

작은 씨앗으로부터 시작된답니다.

씨앗의 크기는 얼마나 될까요? 소나무 씨앗은 우리가 먹는 깨알보다 조금 더 큽니다. 참나무 씨앗은 우리가 잘 아는 도토리 속에 들어 있지요.
어미 나무에서 떨어진 씨앗은 바람이나 동물에 의해 새 터전으로 옮겨집니다. 싹을 틔우는 데는 빛과 물, 적당한 온도가 필요해요. 이들 환경은 씨앗 껍질을 부드럽게 해 주고, 영양분을 녹여 준답니다.

뿌리가 먼저 나오는 열흘쯤 지나면, 녹색의 잎이 나와요. 처음 나온 잎은 연하고 부드럽기 때문에 동물들의 먹이가 되기 쉽지요. 이를 이겨 내고 첫 여름과 가을을 보내고 나면, 제법 나무의 모습을 갖추게 됩니다.

이렇게 몇 년을 잘 자라면, 나무가 꼭 경험하는 것이 있습니다. 바로 꽃을 피우고 열매를 맺는 일입니다. 진달래는 분홍색 꽃을, 개나리는 노란색 꽃을, 참나무는 강아지 꼬리 같은 녹색의 꽃을 피우지요. 자손을 퍼뜨리기 위한 첫 단계랍니다.

열매를 맺어도 먹이로 노리는 동물들 때문에 어려운 점이 많답니다. 그래서 열매가 완전히 익기 전까지는 속을 맛이 없고, 소화가 잘 되지 않게 합니다. 떫은 감과 도토리가 그 예랍니다.

마침내 열매가 영글면, 나무는 열매를 떨어뜨립니다. 하지만 그것은 이별이 아닙니다. 열매 속의 씨앗, 즉 자손을 널리 퍼뜨리기 위한 힘찬 출발입니다.

이 책에서는 아름다운 그림으로 나무의 일생을 잘 보여 주고 있습니다. 애정을 가지고 집 주위의 나무를 보세요. 나무는 우리의 좋은 친구랍니다.

글을 쓴 강민경 님은 한양대학교 국문학과를 졸업하고, 같은 대학교에서 박사 과정을 수료하였습니다. MBC 창작동화상, 한국안데르센 그림자상 대상 등을 수상하며 작품 활동을 시작하였습니다. 지은 책으로는 〈우츄프라카치아〉〈꽃골학교 아이들〉〈아이떼이떼 까이〉 등이 있습니다.

그림을 그린 노희영 님은 한겨레 일러스트레이션 학교에서 공부하였습니다. 사보, 학습동화 등에 일러스트레이션 작업을 하고 있으며, 좋은 창작 그림책으로 어린이들과 만나기를 소망한답니다.

감수를 한 이은주 님은 서울대학교 식물학과를 졸업하고, 같은 대학교에서 석사 학위를 받았습니다. 캐나다 마니토바대학에서 식물학 박사 학위를 받고, 지금은 서울대학교 생명과학부 교수로 재직하고 있습니다. 생명의 근간이 되는 식물에 어린이들이 더 많은 관심을 갖기를 바라는 마음으로, 어린이책에 애정을 쏟고 있습니다.

식물_식물의 일생 나무가 부르는 노래
글_ 강민경 그림_ 노희영 감수_ 이은주

펴낸이_ 김동휘 **펴낸곳_** 여원미디어㈜ **출판등록_** 제406-2009-0000032호
주소_ 경기도 파주시 회동길 130(문발동) 탄탄스토리하우스 **전화번호_** 080 523 4077 **홈페이지_** www.tantani.com
기획·편집·디자인 진행_ 글그림 **기획_** 이기경 김세실 안미연 **편집_** 이연수 **일러스트 디렉팅_** 김경진 **디자인_** 이경자
제작책임_ 강인석 **인쇄_** 새한문화사 **제책_** ㈜책다움 **판매처_** 한국가드너㈜ **마케팅_** 김미영 조호남 김명희 오유리

Plants_Life of a Tree   A Singing Tree
Life of a tree is beautifully described with its life cycle songs from budding, growing by photosynthesis, flowering, and fruiting to death.

이 책에 실린 글과 그림의 무단 복제 및 전재를 금합니다.

식물

지구의 주인은 누구라고 생각하나요? 지구상의 모든 생물에게 꼭 필요한 산소와 영양분을 제공해 주는 식물이 아닐까요. 식물의 다양한 생존 방식과 끝없는 생명력…. 이제까지 몰랐던 식물에 대한 놀라운 사실들을 알아봅니다.

동 물
- 생물과 무생물
- 먹이 사슬
- 태생과 난생
- 동물의 모습
- 동물의 성장
- 동물의 위장
- 고향을 찾아서
- 동물의 서식지
- 동물의 집짓기
- 동물의 의사소통
- 동물의 수면
- 동물의 겨울나기
- 먹이 구하기
- 아기 키우기

환 경
- 숲
- 강
- 갯벌
- 바다
- 땅
- 멸종동물
- 환경보호
- 재활용
- 인간과 도구

우 주
- 지구의 탄생
- 지구의 모습
- 날씨
- 지구의 움직임
- 암석
- 태양계
- 달
- 별의 일생
- 우주 탐사

인 체
- 우리 몸
- 탄생과 성장
- 감각기관
- 소화기관
- 운동순환기관
- 건강함이란

물 리
- 물질의 성질
- 물질의 상태 변화
- 공기
- 시간
- 소리
- 중력
- 여러 가지 힘
- 빛과 색
- 전기
- 도구의 원리

- 식물의 위상
- 식물의 성장
- 식물의 번식
- 식물의 생존
- 식물의 일생
- 먹는 식물들
- 식물의 재배

나무가 부르는 노래